Sahi Etienne Doua

Obéir à l'ordre!

Sahi Etienne Doua

Obéir à l'ordre!

Le guide de l'évangéliste

Éditions Croix du Salut

Impressum / Mentions légales
Bibliografische Information der Deutschen Nationalbibliothek: Die Deutsche Nationalbibliothek verzeichnet diese Publikation in der Deutschen Nationalbibliografie; detaillierte bibliografische Daten sind im Internet über http://dnb.d-nb.de abrufbar.
Alle in diesem Buch genannten Marken und Produktnamen unterliegen warenzeichen-, marken- oder patentrechtlichem Schutz bzw. sind Warenzeichen oder eingetragene Warenzeichen der jeweiligen Inhaber. Die Wiedergabe von Marken, Produktnamen, Gebrauchsnamen, Handelsnamen, Warenbezeichnungen u.s.w. in diesem Werk berechtigt auch ohne besondere Kennzeichnung nicht zu der Annahme, dass solche Namen im Sinne der Warenzeichen- und Markenschutzgesetzgebung als frei zu betrachten wären und daher von jedermann benutzt werden dürften.

Information bibliographique publiée par la Deutsche Nationalbibliothek: La Deutsche Nationalbibliothek inscrit cette publication à la Deutsche Nationalbibliografie; des données bibliographiques détaillées sont disponibles sur internet à l'adresse http://dnb.d-nb.de.
Toutes marques et noms de produits mentionnés dans ce livre demeurent sous la protection des marques, des marques déposées et des brevets, et sont des marques ou des marques déposées de leurs détenteurs respectifs. L'utilisation des marques, noms de produits, noms communs, noms commerciaux, descriptions de produits, etc, même sans qu'ils soient mentionnés de façon particulière dans ce livre ne signifie en aucune façon que ces noms peuvent être utilisés sans restriction à l'égard de la législation pour la protection des marques et des marques déposées et pourraient donc être utilisés par quiconque.

Coverbild / Photo de couverture: www.ingimage.com

Verlag / Editeur:
Éditions Croix du Salut
ist ein Imprint der / est une marque déposée de
OmniScriptum GmbH & Co. KG
Heinrich-Böcking-Str. 6-8, 66121 Saarbrücken, Deutschland / Allemagne
Email: info@editions-croix.com

Herstellung: siehe letzte Seite /
Impression: voir la dernière page
ISBN: 978-3-8416-9974-9

Copyright / Droit d'auteur © 2015 OmniScriptum GmbH & Co. KG
Alle Rechte vorbehalten. / Tous droits réservés. Saarbrücken 2015

OBÉIR A L'ORDRE !

Le guide de l'évangélisation.

Dédicace

*Ce livre est dédié à mes parents trop tôt partis !
Ils m'ont inculqué les vraies valeurs de la vie,
le vrai savoir : l'amour du Christ.*

Introduction

Le christ, avant de s'en aller auprès du Père a laissé un ordre suprême à ses disciples : « *Allez, faites de toutes les nations des disciples....* »[1]. Cette phrase est devenue célèbre, elle a motivé et mobilisé des centaines de milliers de personnes à souvent quitter leur confort, leurs biens, leur famille pour allez à l'autre bout du monde pour évangéliser, pour le salut des âmes.

Cet ordre du Christ pourrait donc être considérer comme son testament, or jusqu'à ce qu'on le contexte, le texte est toujours exécutable à la lettre. Nous savons pourtant que la parole de Christ est incontestable, Christ averti à cet effet : « *et si quelqu'un retranche quelque chose des paroles du livre de cette prophétie, Dieu retranchera sa part de l'arbre de la vie et de la ville sainte, décrits dans ce livre...* »[2] Cet ordre de Christ est de vigueur aujourd'hui, il le sera encore d'avantage demain.

Nous, chrétiens de notre génération nous avons donc une grande mission, une grande charge, perpétuer l'ordre du Christ pour que les générations futures le fasses aussi à leur tour.

Mais comme toute mission, celle que le Christ nous a confiée à aussi ses exigences, ses besoins et son plan d'exécution.

L'Esprit de Dieu nous a donc conduit à écrire pour permettre à tous les chrétiens du monde entier d'acquérir des âmes, par des moyens simples mais efficaces d'arriver à exécuter parfaitement cette mission.

Puisse-Dieu nous permettre, par la lecture de cet ouvrage d'être à la hauteur de la grande mission du Christ, notre devin Maître.

---

[1] *Mathieu 28 : 19 a ;   Voir aussi : Marc 16 : 15 ;*
[2] *Apocalypse 22 :16*

PREMIÈRE PARTIE :

COMPRENDRE LE MOT

DÉFINITION

Notre tâche ici consiste à définir au moyen des livres et connaissance le mot évangélisation. C'est pourquoi, nous allons donner en première lieu la définition usuel, profane du mot avant de définir le mot selon le concept biblique.

1- Définition usuelle

Le dictionnaire le *Grand Robert* donne une définition très simpliste du mot évangélisation ; en effet il le défini comme étant **l'action d'évangéliser, son résultat.**

Quand au dictionnaire *Larousse* en sa version électronique, il définit le mot évangélisation comme l'action **de prêcher l'Évangile à des populations non chrétiennes, comme l'action de convertir au christianisme.**[3]

Le dictionnaire *Le Lettré* donne aussi sa définition du mot : **évangélisation, c'est la prédication de l'évangile ; ses effets.**[4]

Au vue de toutes ses définitions, nous pouvons dès et déjà affirmer que l'évangélisation est au centre de toutes les motivations des hommes, mêmes les non chrétiens en parlent. L'évangélisation est donc une nécessité pour tous.

Que dire la Bible, ou disons quel est la conception biblique du mot évangélisation.

2- Définition biblique

Le mot Évangélisation dérive d'un concept grec qui signifie « annonce de la Bonne nouvelle du Royaume. » Il signifie « vouer à l'Eternel ». Il est publication de paroles venant de Dieu ou l'annonce d'une victoire. On retrouve ce terme 52 fois sous différentes formes dans le Nouveau Testament[5]. Le verbe qui en découle est évangélisé. Ainsi, le verbe ÉVANGÉLISER veut dire annoncer une bonne nouvelle.[6] Ce verbe désigne aussi le contenu ou un message particulier[7]. Pour le Nouveau Testament (N.T)[8], « ÉVANGÉLISER », c'est communiquer en actes et surtout en

---

[3] Voir le site internet : http://www.larousse.fr/dictionnaires/francais/%C3%A9vang%C3%A9liser/31803
[4] Voir site internet : http://www.la-definition.fr/definition/evangelisation
[5] Extrait tiré de : http://www.ministerededelivranceetguerison.com/article-la-cure-d-ame-ou-l-accompagnement-pastoral-ou-la-psychotherapie-chretienne-extrait-1-de-la-conferen-112354116.html
[6] 1 Thessaloniciens 3 : 6
[7] Actes 8,12, Galates 1,11
[8] NT : Abréviation de nouveau Testament

parole la Bonne Nouvelle, une bonne nouvelle qui va changer le cours des choses : une annonce du salut, une annonce qui sauve9.

Bref, l'Évangélisation est le fait de, « porter la bonne nouvelle du Christ », d'« annoncer une bonne nouvelle, de prêcher la bonne nouvelle du Christ », de « dérivé de convertir au christianisme en prêchant l'Évangile.

De quelle manière les chrétiens peuvent-ils s'impliquer dans l'évangélisation ? Ils doivent assumer la responsabilité personnelle de la transmission de la Bonne Nouvelle. C'est dans la Bible [10]: « *Alors Il dit à Ses disciples : "La moisson est grande, mais il y a peu d'ouvriers. Priez donc le maître de la moisson d'envoyer des ouvriers dans sa moisson."* »   L'évangélisation est une œuvre de dimensions mondiales assignée à tous les chrétiens. C'est dans la Bible[11] : « *Allez, faites de toutes les nations des disciples, les baptisant au nom du Père, du Fils et du Saint-Esprit, et enseignez-leur à observer tout ce que je vous ai prescrit. Et voici, je suis avec vous tous les jours, jusqu'à la fin du monde.* »   Partager Jésus-Christ doit être un mode de vie. C'est dans la Bible [12]: « *[Il s'agit de] la charge que Dieu m'a donnée auprès de vous, afin que j'annonçasse pleinement la parole de Dieu, (...) à savoir : "Christ en vous, l'espérance de la gloire." C'est lui que nous annonçons, exhortant tout homme, et instruisant tout homme en toute sagesse, afin de présenter à Dieu tout homme, devenu parfait en Christ. C'est à quoi je travaille, en combattant avec Sa force, qui agit puissamment en moi.* »

L'évangélisation est donc une priorité pour tout chrétien et nul ne doit dérober à la règle, car ne pas le faire serait un manquement grave à l'ordre divin. C'est un ordre divin.[13]. C'est aussi le grand souci de Dieu. En effet, Dieu a de la peine en voyant des âmes mourir dans leurs péchés. C'est pour cela, que poussé par l'amour de ces âmes il a envoyé son fils unique dans le monde pour les sauver. Dieu veut qu'il ait plusieurs moissonneurs dans sa moisson. Car il désire que tout le monde soit sauvé et parvienne à la connaissance de la vérité[14].

Les parties qui suivent permettront aux uns et aux autres d'avoir des armes nécessaires pour l'évangélisation.

---

[9] Romains 1,16
[10] Matthieu 9.37-38
[11] Matthieu 28.19-20
[12] Colossiens 1.26-29
[13] Marc 16 : 15
[14] 1 Timothée 2 : 1-4

DEUXIÈME PARTIE :

DIFFÉRENTES FORMES D'ÉVANGÉLISATION :

L'évangélisation comme la plupart des principes humains à ses principes, ses orientations, ses principes Mais dans notre œuvre, nus allons mettre particulièrement l'accent sur les différentes formes de l'évangélisation ; nous estimons que la maitrise de ses différentes formes permettra à l'évangéliste de savoir adapter sn œuvre à l'environnement qui se présente devant lui.

Mais avant voyons les buts de l'évangélisation.

1- Les buts de l'évangélisation

Les butes de l'évangélisation sont multiples ; nous allons en voir quelques uns.

- Le salut des âmes perdues : « *Car le Fils de l'homme est venu chercher et sauver ceux qui étaient perdus.* »[15]

La libération des captifs et des prisonniers (Prisonnier du péché bien-sur) : « *Le Seigneur Dieu me remplit de son Esprit, car il m'a consacré et m'a donné pour mission d'apporter aux pauvres une bonne nouvelle, et de prendre soin des désespérés ; de proclamer aux déportés qu'ils seront libres désormais et de dire aux prisonniers que leurs chaînes vont tomber ; d'annoncer l'année où le Seigneur montrera sa faveur à son peuple, le jour où notre Dieu prendra sa revanche sur ses ennemis ; d'apporter un réconfort à ceux qui sont en deuil.* »[16]

- La guérison des cœurs brisés
- La destruction des œuvres du diable : « *Celui qui pèche est du diable, car le diable pèche dès le commencement. Le Fils de Dieu a paru afin de détruire les œuvres du diable.* »[17]
- La propagation ou la réalisation des œuvres du Christ (Jean 14 :12-13).
- Susciter le réveil dans les églises (Actes 2 : 37-47)
- Amener à la sanctification (Actes 5)

L'objectif biblique de l'évangélisation nous est donné dans l'évangile de Matthieu 16 : 18 : Il peut être résumé ainsi : **BÂTIR L'ÉGLISE DE JÉSUS CHRIST**

---

[15] Luc 19 : 10
[16] Esaïe 61 :1-2
[17] 1 Jean 3 :8

2- Les types d'évangélisation.

L'Évangélisation a plusieurs formes, elle dépend généralement du milieu, de la personne, du temps, des circonstances...

Nous allons voir quelques unes de ses formes :

- **L'évangélisation en plein air :**

C'est la sortie de plusieurs en un lieu donné pour annoncer la Parole de Dieu. Dans cet effort d'évangélisation, une personne a la responsabilité d'annoncer l'évangile avec puissance devant les Païens. Dans ce même moment, des chrétiens peuvent rendre témoignage de leur conversion pour appuyer le message de l'évangéliste.

Les avantages de ce type d'évangélisation sont :

- Elle (évangélisation) glorifie Jésus ;
- Elle sert de publicité pour le Christ ;
- Elle est un moyen pour démonter la puissance de Christ

Les inconvénients sont :

- Conversion évidente (à cause de l'effet de masse) mais peut durable
- Encadrement difficile.

- **L'évangélisation porte-à-porte**

C'est annoncer l'évangile de porte-à-porte, d'une maison à une autre, d'un individu à un autre. Ce genre d'évangélisation varie selon la circonstance présente.

Les avantages :

- Cette sorte d'évangélisation nous permet d'avoir un contact direct avec notre interlocuteur et de découvrir ses besoins ; C'est le cas de Jésus et de la femme Samaritaine (Jean 4)
- Elle favorise une profonde conversion ;
- Elle nous permet d'aller où se trouve le pécheur (Jean 10 :5-13)

NB : L'évangélisation porte-à-porte se pratique toujours à deux. Comme l'a pratiquée le Christ. « *Après cela, le Seigneur désigna encore soixante-dix autres disciples, et il les envoya deux à deux devant lui dans toutes les villes et dans tous les lieux où lui-même devait aller.* »[18]

---
[18] Luc 10 : 1

Inconvénients :

- Rejet par les incrédules (refoulement, agression, persécution..)
- Chute fatale de l'évangéliste

- **Évangélisation par cellule de Prière**

Il s'agir d'inviter des amis ou des frères à assister à une réunion dans une maison. La personne invitée se sentira e famille, et ensuite verra l'amour de Dieu qui se manifeste au milieu des frères, ce qui le convaincra premièrement du péché, enfin la parole de Dieu qu'il entendra l'amènera surement au salut.

Nous ne verrons que les avantages de ce genre d'évangélisation :

– Son encadrement sera facile du nouveau converti ;
– Son engagement sera total dans le Christ.
– Cette évangélisation permet une édification profonde du nouveau chrétien.
– Elle donne au nouveau chrétien une formation de disciple (Actes 2 :24 ; 1 Cor 16 : 19)

- **L'évangélisation par les médias et par la littérature**

Ce type d'évangélisation nous permet d'atteindre les personnes intouchables de la société (homme intellectuels, hommes d'affaires, hommes politiques et des gens appartenant à d'autres religions et sectes).

Il permet également de toucher des hommes et des femmes habitant dans des endroits reculés. On appelle généralement ce type d'évangélisation, **évangélisation sans frontière.**

- **Évangélisation par agression.**

Utiliser rarement, ce genre d'évangélisation a été utiliser par Christ. Il se pratique souvent dans les places publiques ou dans les rues. Il s'agit d'accrocher les passants et de leur livrer un message direct, franc, avec autorité et assurance. Ce massage doit contenir toutes les vérités du salut : « *Pourquoi avez-vous de mauvaises pensées dans vos cœurs ?* »[19]

Voir aussi jean 4

---

[19] Mathieu 9 :4

3- Le contenu du message d'évangélisation

Le message d'évangélisation s'articule autour de quatre points principaux :

- **L'Amour de Dieu :**

Voilà ce que nous devons enseigner : L'amour de Dieu recèle toute sa miséricorde, sa compassion, sa bonté, sa providence, sa bienveillance, sa patience ...C'est un amour parfait, infini, d'une pureté absolue. La qualité et les dimensions de l'amour de Dieu nous dépassent, elle sont insondables à l'esprit humain, mais elles peuvent nous être révélées par l'Esprit de Dieu afin que nous en comprenions toute la grandeur : « *C'est pourquoi moi aussi, ayant entendu parler de votre foi au Seigneur Jésus et de votre charité pour tous les saints, je ne cesse de rendre grâces pour vous, faisant mention de vous dans mes prières, afin que le Dieu de notre Seigneur Jésus-Christ, le Père de gloire, vous donne un esprit de sagesse et de révélation, dans sa connaissance.* »[20]

« *A cause de cela, je fléchis les genoux devant le Père, duquel tire son nom toute famille dans les cieux et sur la terre, afin qu'il vous donne, selon la richesse de sa gloire, d'être puissamment fortifiés par son Esprit dans l'homme intérieur, en sorte que Christ habite dans vos cœurs par la foi; afin qu'étant enracinés et fondés dans l'amour, vous puissiez comprendre avec tous les saints quelle est la largeur, la longueur, la profondeur et la hauteur, et connaître l'amour de Christ, qui surpasse toute connaissance, en sorte que vous soyez remplis jusqu'à toute la plénitude de Dieu.* »[21]

Une première révélation de l'amour de Dieu nous est donnée par l'Évangile, la Bonne Nouvelle de Jésus-Christ : « *Car Dieu a tant aimé le monde qu'il a donné son Fils unique, afin que quiconque croit en lui ne périsse point, mais qu'il ait la vie éternelle.* »[22] C'est une chose importante que nous découvrons lorsque nous entendons la prédication de la croix de Christ : Nous avons connu l'amour, en ce qu'il a donné sa vie pour nous ; nous aussi, nous devons donner notre vie pour les frères. « *Mais Dieu prouve son amour envers nous, en ce que, lorsque nous étions encore des pécheurs, Christ est mort pour nous.* » Nous apprenons par l'Évangile ce qu'est le véritable amour

---
[20] Éphésiens 1.15
[21] Éphésiens 3.14
[22] Jean 3:16
1 Jean 3:16

selon Dieu, l'amour de Dieu. Nous entrons alors dans une relation d'amour avec Dieu et avec les autres.

- **Le jugement de Dieu**

Il faut aussi parler du jugement de Dieu, car malgré son amour, Dieu appellera chacun en jugement, et chacun répondra de ses faits et gestes.

Ce jugement divin est celui qui est annoncé dans la Bible par les prophètes, par Jésus lui-même et par ses apôtres. Celui dont l'apôtre Jean a eu la vision : Puis je vis un grand trône blanc, et celui qui était assis dessus. La terre et le ciel s'enfuirent devant sa face, et il ne fut plus trouvé de place pour eux. « *Et je vis les morts, les grands et les petits, qui se tenaient devant le trône. Des livres furent ouverts. Et un autre livre fut ouvert, celui qui est le livre de vie. Et les morts furent jugés selon leurs œuvres, d'après ce qui était écrit dans ces livres.* »[23] Dieu lui-même en a fixé le jour et les modalités : « *Dieu a fixé un jour où il jugera le monde selon la justice, par l'homme qu'il a désigné, ce dont il a donné à tous une preuve certaine en le ressuscitant des morts* ».[24] Alors on verra le Fils de l'homme venant sur les nuées avec une grande puissance et avec gloire. Lorsque le Fils de l'homme viendra dans sa gloire, avec tous les anges, il s'assiéra sur le trône de sa gloire. Toutes les nations seront assemblées devant lui.

Le jugement de Dieu fait partie de la prédication de l'Évangile : Et Jésus nous a ordonné de prêcher au peuple et d'attester que c'est lui qui a été établi par Dieu juge des vivants et des morts.

C'est ce qui paraîtra au jour où, selon mon Évangile, Dieu jugera par Jésus-Christ les actions secrètes des hommes. Il sera déterminant pour l'avenir éternel des êtres humains : Toutes les nations seront assemblées devant lui. Il séparera les uns d'avec les autres, comme le berger sépare les brebis d'avec les boucs ; et il mettra les brebis à sa droite, et les boucs à sa gauche. Plusieurs de ceux qui dorment dans la poussière de la terre se réveilleront, les uns pour la vie éternelle, et les autres pour l'opprobre, pour la honte éternelle. Ceux qui auront fait le bien ressusciteront pour la vie, mais ceux qui auront fait le mal ressusciteront pour le jugement.

- **Le Salut par Christ (Appel à la conversion)**

L'Évangile, la bonne nouvelle du salut, commence par la naissance du Sauveur du monde, annoncée aux bergers de Bethléem : « *Aujourd'hui, il vous est né un Sauveur,*

---

[23] Apocalypse 20:11/12
[24] Actes 17:31

c'est le Christ, le Seigneur »[25] Présenté au Temple de Jérusalem, l'enfant Jésus est accueilli par Siméon, homme juste et pieux, qui loue le Seigneur : *« Maintenant, Seigneur, tu laisse ton serviteur s'en aller en paix... car mes yeux ont vu ton salut »*[26]. Jésus-Christ est l'artisan de notre salut. Il est venu nous révéler l'amour de Dieu, il a guérit les malades, il a accompli des miracles merveilleux, il est allé au devant des détresses de notre humanité. Et il a été trahi, bafoué, rejeté, cloué sur une croix. Le troisième jour, il est ressuscité. De cette façon, Dieu a montré de façon éclatante qu'il avait agréé la mort de Jésus, comme un sacrifice offert en notre faveur. Tout le message des Apôtres a développé ensuite cette bouleversante réalité : *« Dieu prouve son amour pour nous en ceci : alors que nous étions encore pécheurs, Christ est mort pour nous "(Ro 5.6). " Dieu ne nous a pas destinés à la colère (de son jugement), mais à la possession du salut par notre Seigneur Jésus-Christ qui est mort pour nous »* [27]

---

[25] Luc 2.11
[26] Luc 2.29-30
[27] 1 Thes 9 : 9-10

TROISIÈME PARTIE :

L'ÉVANGÉLISTE :

1- Comment devient-on un évangéliste

Le ministère d'évangéliste est comme les autres ministères que Dieu donne. L'évangéliste nait évangéliste et devient évangéliste. Le chrétien par ses propre force ne peut s'attribuer un ministère s'il le fait il l'échouera, car c'est Dieu qui appelle et qui qualifie son serviteur. **(Lire Jérémie 1 :1-10 et Esaïe : 1-9)**

Toutefois, il est à rappeler que pour être un bon évangéliste il faut :

- Aspirer à ce ministère d'évangéliste :

- Être appelé par Dieu dans ce ministère

- Être un homme de foi et de prière. « *C'est pourquoi, frères, choisissez parmi vous sept hommes, de qui l'on rende un bon témoignage, qui soient pleins d'Esprit Saint et de sagesse, et que nous chargerons de cet emploi.* »

- Et nous, nous continuerons à nous appliquer à la prière et au ministère de la parole.

- Cette proposition plut à toute l'assemblée. Ils élurent Étienne, homme plein de foi et d'Esprit Saint, Philippe, Prochore, Nicanor, Timon, Parménas, et Nicolas, prosélyte d'Antioche. Recevoir une onction particulière pour ce ministère : l'onction, c'est la vie de Dieu qu'il déverse dans la vie de celui qu'il appelle. Il n'y a pas de ministère sans onction. L'onction est donc indispensable à tout ministère[28]. avoir un ardent amour pour les âmes perdues être un passionné de l'évangélisation. «

- Avoir le cœur et la vision de DIEU 1 TIM 2 :1-4 (c'est-à-dire être dans la volonté de Dieu)

- Il doit aimer son ministère acte 20 :24

2- Les 20 vertus d'un évangéliste

– Il a une grande connaissance de la parole de Dieu Jo 1 :8 actes 18 :24

– Il est un homme doué dans la prière 1 Thess 5-17

- [28] Voir l'exemple d'Etienne dans Actes 7 et celui de Pierre dans Actes 2 :22-40 Actes 6 :6

- Il est un homme intègre dans le domaine de l'argent et de la femme Ge 39 :12 1
- Il est un homme parfaitement humble, et en tout choix dans son ministère il donne gloire à Dieu IN 1 :27
- Il est un homme désintéresse 1 Tim 3 :3
- Il est un homme pacifique
- Il doit être un dur travailleur 1 Tim 4 :1
- Il doit être doué d'intelligence et de sagesse acte 6 :3
- Il doit entre un grand combattant Eph 6 :11-17
- Il est un homme fort et résistant Jac. 4 :7
- Il doit avoir une femme évangéliste comme lui, la femme d'un évangéliste qui n'est pas appelée par Dieu comme son mari est un gros obstacle pour son ministère.

Exemple négatif la femme de Job[29] ;

Exemple positif Sophora, la femme de la Moise [30]; Priscille la femme, d'Aquilas [31]

- Il est un homme d'équipe   2 Tim 15-17
- Il est un homme de vision Jean 4 :35
- Il aime les miracles et les prodiges Mc 16
- Il supporte les critiques non fondées, il est un véritable encaisseur
- Il est un homme sobre 2 Tim 4 5
- Il n'est pas un homme politique 2 Tim 2 :3-6
- Il est un homme de toute saison 2 Tim 4 :1-3
- Il est soumis à son église locale.

---

[29] Job 2 :9
[30] Ex 4 :25-26
[31] Actes 18 :26

QUATRIÈME PARTIE :

L'ÉVANGÉLISATION PERSONNELLE

L'évangélisation personnelle peut être divisée en deux grands groupes à savoir l'évangélisation pastorale et l'évangélisation personnelle. Cette partie de notre œuvre portera sur l'évangélisation personnelle, mais que se soit l'évangélisation pastorale ou personnelle, l'activité est l'évangélisation. Son objectif est de gagner des âmes à christ

NB : Il y a une différence entre l'évangélisation pastorale et personnelle

1- L'évangélisation pastorale

- **Méthode** : Elle consiste à utiliser un enseignement organisé et préparé
- **Contexte** : Un lieu approprié pour une croisade (hors de l'Église)
- **Agent** : Le pasteur de l'église ou un invité

2- L'évangélisation personnelle

- **Méthode** : Elle consiste en une simple présentation du plan du salut qui est le témoignage personnel.
- **Contexte** : Généralement en dehors de l'église
- **Les agents** : les argents sont tous les membres de l'Église

3- Les éléments de la bonne nouvelle

On distingue cinq éléments[32]. Jésus a employé ce terme pour indiquer que la bonne nouvelle est la.

- Élément de l'usage commun : les grecs utilisaient ce mot pour annoncer la naissance du souverain, quelque chose de spécial, pas comme les autres.
- La bonne nouvelle : de la vie de christ selon les termes d'Esaie 61, Christ est venu pour sauver le monde, quand Christ a cité ce verset, il n'a pas tout dit, mais il s'est arrêté sur un point car le jugement dernier n'est pas la bonne nouvelle. « Dieu n'a pas envoyé le fils pour juger le monde ...»[33], donc le thème principal de la bonne nouvelle c'est **l'annonce d'un temps de grâce.**
- Dans Romain 1 :1-7, Paul dit certaines choses au sujet de l'évangélisation

---
[32] Esaie 61 :1-3 ; Luc 4 :18-19
[33] Jean 3 17

Au verset 1 : l'évangile a son origine de Dieu.

Au verset 2 : Il est selon la promesse et l'alliance biblique

Au verset 3 : il concerne avant tout le fils de Dieu et non les bénéfices que nous recevons cause de ce christ a fait pardon d'abord de la personne de christ ensuite de son œuvre et des bénéfices.

Nous pouvons donc dire que l'évangélisation a pour premier but de satisfaire Dieu, le centre du message de la bonne nouvelle est le **don**[34]

- La bonne nouvelle de Jésus Christ n'est vague ou philosophique, mais elle est une démonstration concrète c'est-à-dire visible et qui sauve[35].
- La bonne nouvelle a non seulement un contenu spécifique, mais un caractère universel[36].

4- La proclamation

En grec, il ya « kerysso » qui signifie proclamer a la manière d'un héraut ≠ héro héraut : d'arme ou héraut au moyen âge c'était un officier d'un intermédiaire entre l'arme et le roi d'armée dont les fonctions étaient la transmission des messages, la proclamation solennelle, l'ordonnance de cérémonie. Dans 1 Corinthiens 1 :21, Paul n'était pas un philosophe, un moraliste ou un sage de ce monde. Il était simplement un héraut c'est-à-dire se tenant le puissant d'arme et le roi. Son maitre royal lui a confié un message à publier en se considérant comme héraut. Paul souligne l'authenticité de son message, de ce mot dérive un autre mot qui est kérygme qui signifie la proclamation. Le mot kérygme est synonyme d'évangéliser selon le Nouveau Testament [37];

---

[34] Jean 3 :16
[35] Esaïe 61-1-3
[36] Mathieu 28 :19 ; Marc 15 : 18
[37] Romains 5 :25

CINQUIÈME PARTIE :

LE CONTENU DE L'ÉVANGÉLISATION PERSONNELLE

1- Définition étymologique

L'évangélisation personnelle a son origine aussi plus vielle que le monde. En effet, elle découle de l promesse que Dieu à faite à Adam et Ève après la chute[38]. Cette définition se résume ainsi :

- L'homme a péché : la maladie, les épreuves, les guerres et même la mort en ont résulté ; mais Dieu dans son grand amour pour l'homme pécheur a entrepris d'annoncer la promesse du salut : Évangéliser peut, selon la promesse peut signifier différentes choses, revêtir différentes formes et être accompli selon différentes méthodes. Cependant, le succès et les résultats dépendent du degré de compréhension de l'ouvrier de ce qu'est l'évangélisation

- Selon la définition moderne de l'évangélisation, la plus fameuse est celle qui a été déclarée en 1918 par le Comité de l'Archevêque de l'Église Anglicane. Dans son rapport d'évangélisation déclare ceci : « *L'évangélisation c'est présenter Jésus Christ dans la puissance du Saint-Esprit de manière à ce que les hommes puissent se confier à lui comme leur sauveur et le servir comme leur Seigneur dans la communion de l'Église.* »

Il y a quatre éléments dans l'évangélisation personnelle :

- **Présenter Christ et non une église** : Ici, l'évangéliste dit présenter Jésus-Christ comme le Christ oint de Dieu. En tant que prêtre et Roi. Évangéliser c'est donc présenter Jésus-Christ en relation avec les besoins des hommes et des femmes dont l'état de pécheur fait qu'il sont privés de Dieu le Père ; On doit donc leur présenter Jésus-Christ comme seul espoir dans ce monde présent et celui à venir.

- **La puissance de l'évangélisation** : Présenter ici la puissance du Saint-Esprit comme étant le guide et conducteur des hommes que Christ leur a promis.

- **L'objectif** : le but but à atteindre : L'évangéliste doit être à mesure de savoir si les hommes se confient à Christ et le servent comme leur Seigneur et Sauveur : c'est l'objectif de l'évangélisation.

- **L'élément ultime** : l'élément ultime dans l'évangélisation est le service que que nous devons rendre aux autres.

L'évangélisation personnelle est donc l'image de l'amour de Dieu qui est un amour personnelle, un amour qui donne et se donne aux hommes[39]. Et nous , en

---
[38] Genèse 3 :15
[39] Jean 3 :16

étant enfant de Dieu, cet amour doit faire partie de nous-mêmes et nous amener à donner et à nous donner pour les autres , comme le maître l'a fait.

L'évangélisation personnelle est donc une obéissance à l'ordre divin. Tout chrétien ou toute église qui luttent pas de toutes ses forces pour gagner des âmes à son sauveur et Seigneur, quelque soit le bien fondé de ses doctrines, la rigueur de ses pratiques, ce chrétien ou cette église désobéit au commandement de son Seigneur et cesse d'être dans le plan suprême. Car il est écrit : « *Car la désobéissance est aussi coupable que la divination et la résistance ne l'est pas moins que l'idolâtrie.* »[40]

De même, si nous changeons les termes d'Ézéchiel 3 :17-19 pour les rendre actuels, voilà ce que nous lisons : C'est là une conséquence indésirable qui résulte de la désobéissance, mais l'obéissance à l'ordre du Seigneur non seulement nous permet de sauver notre âme, mais aussi celle des autres.

L'évangélisation est importante parce que la destituée de tout homme en résulte. Considérons l'état de notre monde actuel. D'abord la pratique des guerres, le vole à main armées, la pratique sexuelle entrainant avec elle le cortège de maladies incurables ; le monde est à la recherche d'un repère, d'un confort, d'une assurance, seul Dieu peut donner aux hommes ce bien-être.

Notre monde va surement vers une destinée qui est l'enfer. Il est important de lui annoncer la bonne nouvelle du salut. Les propos de Paul aux Romains[41] montrent l'importance de l'évangélisation.

L'évangélisation est importante voir indispensable pour la croissance numérique et spirituelle des chrétiens de l'église. Jésus voulait dire que c'est lorsqu'il fait la volonté de son Père, c'est alors qu'il se porte bien. De même, l'évangélisation n'est pas seulement ce que nous faisons pour amener les autres ç Christ, mais elle est aussi indispensable non seulement à la croissance numérique, mais surtout à la santé spirituelle des chrétiens. Car on dit souvent « *l'impression sans expression entraine la dépression.* » Les gens oublient que facilement ce qu'ils n'ont pas l'habitude de faire, or c'est en pratiquant qu'on retient plus. De même, la vérité sans la pratique est une vérité morte.

De nos jours, il n'est pas rare de rencontrer des chrétiens stagnants, amers et spirituellement bloqués. Beaucoup ont été gravés de bonne théories bibliques sans issus d'utilisation dans leurs vies.

---

[40] 1 Samuel 15 :23
[41] Romains 14 :14

Nus devons donc engager les chrétiens et même les non convertis de l'action d'évangélisation. L'évangélisation est nécessaire non seulement pour leur santé et leur croissance spirituelle, mais aussi pour la croissance de l'église.

SIXIÈME PARTIE :

CAS PRATIQUE

1- Qui doit évangéliser ?

L'évangélisation personnelle est la responsabilité de chaque racheté ; ce n'est pas seulement celle des pasteurs, anciens, diacre et quelques chrétiens chauds. Tout le monde doit se donner à l'évangélisation, car c'est un commandement[42]. De même, le livre de Ézéchiel 33 :7 nous parle également de notre responsabilité, Proverbe 24 :11-12. Notre monde est entrainé à la mort par Satan. Nous devons donc nous rendre partout pour avertir les âmes et les arracher du feu eternel et c'est seul l'évangile de Christ qui a la puissance du salut. Nous devons donc nous rendre partout pour avertir les âmes et les arracher au feu eternel et c'est l'évangile de Christ qui a la puissance du Salut[43]. Les premiers chrétiens l'ont compris et se sont donné à l'évangile[44].

NB : Les pasteurs sont appelés à former tous les membres de l'église en vue de l'œuvre du ministère[45].

2- Nécessité d'une formation théorique

Il est certains que témoigner du seigneur doit se faire dans la conversion : Jésus a clairement proclamé qu'il est impératif que nous confessions devant les hommes[46].

Mai l'expérience a prouvé que le service de gagneur d'âme exige une préparation pour être efficace. La forme la plus élémentaire du témoignage est bonne, mais être pleinement engagé en tant qu'évangélisateur préparé vaut mieux encore.

[Quand Jésus a demandé à Pierre et André de le suivre, il leur a dit qu'il ferait d'eux des pêcheurs d'hommes (Mat 4.18-19). Cela signifie qu'il ferait d'eux des spécialistes de l'évangélisation, et qu'il leur faudrait connaître certains principes d'approche et de contact (tout comme le pêcheur qui connaît la température de l'eau, la nature du poisson, le temps, etc). Tout d'abord, le pêcheur doit bien connaître le matériel qu'il utilise. Ce n'est pas au moment où le poisson approche qu'il va lire le manuel d'utilisation de son équipement. De même, le chrétien doit suffisamment connaître sa Bible pour être prêt quand telle personne s'approche de lui par curiosité. Et pour connaître sa Bible, il faut prendre le temps de la lire et de l'étudier.

Ensuite, le pêcheur doit bien connaître le type de poisson qu'il va attraper et la technique à utiliser. On n'attrape pas un gros poisson avec une ligne à sardine. De

---

[42] Marc 16 :15
[43] Romains 1 :16
[44] Actes 8 :2-4
[45] Éphésiens 4 :11-12
[46] Mathieu 13 :32

même, le chrétien doit pouvoir définir le type de personne qui est en face de lui pour sélectionner et adapter sa technique de travail. «C'est en forgeant qu'on devient forgeron», dit le proverbe populaire. L'une des manières d'apprendre ; c'est de se mettre à l'œuvre et de tirer les bonnes conclusions de chaque situation. En cas de succès, faisons l'effort de rechercher les raisons de ce succès, pour savoir en tirer profit dans d'autres occasions. En cas d'échec, soyons honnêtes avec nous-mêmes, et ayons l'humilité, devant le Seigneur, d'examiner les causes de cet échec. Demandons-lui de nous enseigner ce qu'il conviendrait de dire ou de faire si telle situation devait se renouveler. Faisons confiance à la Révélation de Dieu et ne négligeons pas de réfléchir sur les réussites ou les faillites du passé. Il y a beaucoup à apprendre d'elles. [47]]

3- Les différentes approches

Le mot « évangéliser » vient du verbe du grec: euangelizomai, qui signifie littéralement «annoncer une bonne nouvelle». On le retrouve 52 fois dans le Nouveau Testament. Il suffit de lire quelques-uns des exemples suivants pour voir que l'évangélisation n'a pas à être définie en termes de méthode particulière, mais de partage ou d'annonce du message de la bonne nouvelle. En observant les pratiques à l'époque du Nouveau Testament et pendant les années suivantes, nous pouvons observer quatre approches différentes :

- **La proclamation publique**

Que cela soit dans les synagogues ou en plein air, l'évangélisation publique joue un rôle fondamental dans la diffusion de l'Évangile aux débuts de l'Église. Pendant les trois premières décennies, avant que la porte ne soit plus fermée au nez des premiers chrétiens, les synagogues sont des lieux privilégiés. Regroupant les Juifs de la région et avec un style de liturgie permettant la participation des laïcs, il est naturel que le message y soit porté. Un exemple notoire est Paul à Antioche de Pisidie (Ac 13.14-42). En partant du peuple de Dieu, Paul montre que cette histoire mène à la venue du Messie. Il continue ensuite en expliquant la bonne nouvelle de Jésus, en qui les prophéties sont accomplies, tout en soulignant sa mort et sa résurrection. Dans la troisième partie de son message, il annonce le pardon des péchés, pleinement offert au travers de Jésus ressuscité. Si ce message délivré à Antioche est un exemple d'évangélisation type envers les Juifs, il en va très différemment du message que Paul délivre à Athènes (Ac 17.22-34). Après avoir observé la ville et ses différentes pratiques religieuses, Paul, pressé d'expliquer ce qu'il croit, utilise l'exemple d'un autel destiné « À un dieu inconnu » afin de susciter l'intérêt des Grecs envers l'Évangile. Il saisit cette occasion pour leur présenter un Dieu qu'ils n'ont jamais rencontré. Dans le contexte culturel bien différent qui est celui du polythéisme grec, il

---

[47]Extrait de : http://www.promesses.org/arts/111p26-29f.html

ne cite pas l'Ancien Testament, mais choisit d'utiliser des exemples de leur propre culture pour ensuite pouvoir enseigner l'Évangile. Deux styles très différents, mais un même message.

- **L'enseignement dans les maisons**

Si la proclamation publique de l'Évangile est capitale au début de l'Église, le rôle des maisons prend vite de l'importance, surtout lorsque la persécution frappe. Ceci est déjà évident dans les Actes des Apôtres, par exemple chez Lydie (16.5) ou le geôlier (32-34) et cette progression continue au travers des décennies qui suivent. Le foyer est l'endroit naturel pour partager l'Évangile. La maison patricienne romaine est grande, avec de multiples pièces et une cour centrale. Elle forme un lieu idéal pour un mélange de louange, de repas partagé, de communion fraternelle et d'enseignement qui marque le culte chrétien en ses débuts. Ce contexte avec un nombre relativement restreint de participants est plus propice à la discussion et à l'échange d'idées ; il n'y a pas de séparation artificielle entre le prédicateur et les auditeurs. Cette approche a eu tellement de succès que même Celse, l'un des premiers détracteurs du christianisme, s'en est plaint !

- **Le témoignage par l'amitié**

Si le témoignage public et l'ouverture de la maison sont importants pour la transmission de l'Évangile, le témoignage personnel – lorsqu'une personne partage l'Évangile avec une autre – ne l'est pas moins. Le premier chapitre de l'Évangile de Jean nous montre le modèle. Dès que quelqu'un découvre la vérité sur Jésus, il est comme contraint de la transmettre à quelqu'un d'autre (André va trouver Simon Pierre et Philippe Nathanaël). Un exemple saisissant de témoignage personnel a lieu lorsque Philippe, un de ceux nommés pour soutenir les Apôtres dans les tâches administratives, développe un ministère d'évangélisation (même si ce n'est pas son rôle !) et rencontre l'Éthiopien. Étant à l'écoute de Dieu, il est prêt à abandonner le devant de la scène (lorsque son ministère de proclamation publique de l'Évangile a du succès !) pour se rendre au milieu du désert. C'est là qu'il rencontre un eunuque venu d'Éthiopie ; d'homme à homme, il lui parle de Jésus, patiemment et personnellement, au travers des Écritures. Connaissant aujourd'hui l'histoire du développement ultérieur de la foi chrétienne en Éthiopie, on ne peut sous-estimer l'importance de cette rencontre.

- **La littérature**

L'évangélisation des débuts de l'Église ne peut être évoquée sans mentionner l'importance de l'écrit ; les Évangiles en témoignent. Luc écrit à Théophile « afin qu'il reconnaisse la certitude des enseignements qu'il a reçus » (Luc 1.4). Il en est de même avec les Pères de l'Église qui écrivent de nombreux tracts apologétiques.

- **Les bonnes motivations**

Au travers de ce bref survol, nous voyons que l'évangélisation ne se limite pas à une méthode ou un style particulier. Si les approches peuvent changer, Paul souligne l'importance que nos motivations soient les bonnes et que le style soit en adéquation avec le message transmis (*2 Cor 2.17 ; 4.2, 7*). Dans les exemples abordés ci-dessus, chaque fois que l'Évangile est partagé, c'est à cause d'une conviction profonde que le message est vrai et mérite d'être transmis. Pierre nous appelle à toujours être prêts à donner une réponse à quiconque nous demande la raison de l'espérance qui est en nous (**1 Pi 3.15**). Voilà peut-être un bon point de départ.

4- Les premiers pas de la vie chrétienne : Annoncer l'aveugle au enfants [48]

Lorsque la fille de Jaïrus est revenue à la vie, Jésus a aussitôt ordonné qu'on lui donne à manger : évangélisation et édification vont de pair. A quoi servirait de sauver un enfant, si c'est pour le laisser mourir de faim ? Quand l'enfant se convertit, il a besoin de notre appui pour développer son amitié avec Dieu. Cette édification peut très bien se faire en parallèle avec l'évangélisation. Dès la deuxième session, nous pouvons, lors du message, séparer les enfants en deux groupes: ceux qui ont déjà reçu Jésus comme Sauveur et les autres. Voici un canevas de plusieurs leçons pour que l'enfant développe sa relation personnelle avec Dieu: louange, requête, intercession, confession et écoute y sont abordées.

Dieu m'aime, je le remercie : les dix lépreux.

Dieu m'aime, je demande son aide : la veuve importune.

Dieu m'aime, je demande son aide pour autrui : le centenier et son serviteur.

Dieu m'aime, je lui demande pardon : le fils prodige.

Dieu m'aime, je veux l'écouter : David écoute Dieu à quatre reprises à Qeïla .

Nous pouvons illustrer ces thèmes au travers des cinq doigts de la main, chacun se levant à tour de rôle.

---

[48] Extrait du site Top chrétien

La main

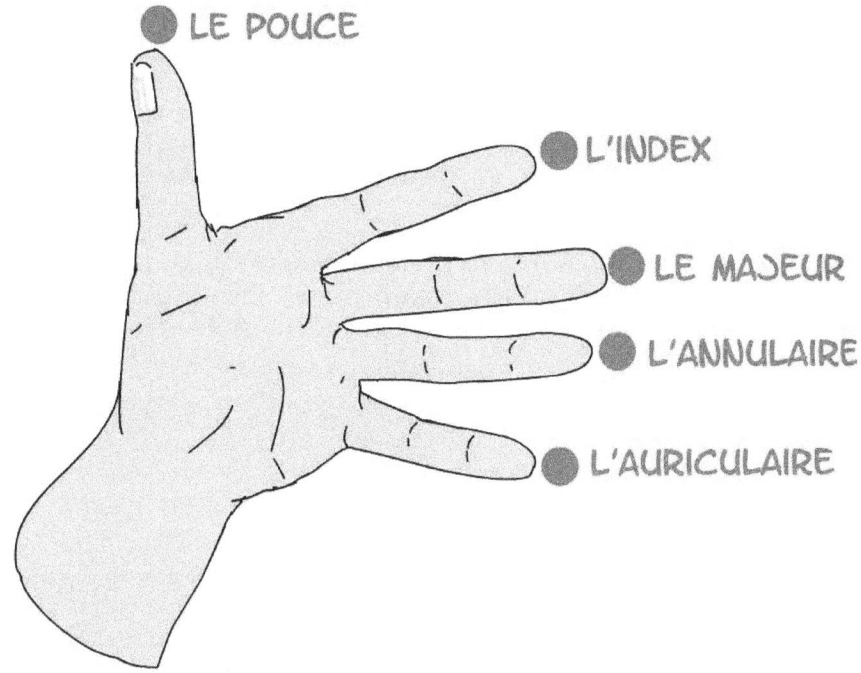

1) Merci (le pouce) : Lorsqu'on veut montrer qu'on est content ou reconnaissant, on étend le bras, poing fermé, pouce levé : «Merci Seigneur ! Merci pour mes parents, mon copain, mes yeux qui voient, mes pieds qui courent...» Le premier mot pour s'adresser à Dieu est merci !

2) S'il te plaît (l'index) : A l'école, on lève l'index comme cela: «S'il vous plaît, j'ai quelque chose à dire.» Avec le Seigneur, c'est la même chose, on peut tout lui dire. Si l'on a peur: «S'il te plaît, protège-moi». Si l'on a mal au ventre. «S'il te plaît, guéris-moi». Même lorsqu'on a perdu sa clé. Il a promis : «Appelle-moi et je te répondrai.»

3) Je ne les oublie pas (le majeur) : Voici le doigt du milieu (saisir le majeur avec l'autre main) ; il est au centre, il est concerné par ceux qui l'entourent. Moi aussi, je peux penser aux autres : mes parents, mes frères et sœurs, ma maîtresse. «Seigneur, aide mon papa à trouver du travail, donne-moi les mots pour parler à ma copine qui ne te connaît pas, aide ma grande sœur à réussir son examen.»

4) Pardon ! (l'annulaire) : Voilà le doigt qui porte l'alliance (montrer l'annulaire). Le petit mot qui entretient la paix entre amis et en famille, c'est pardon ! Lorsque nous avons demandé pardon à Dieu, il a fait alliance avec nous.

Chaque fois que nous l'attristons, nous pouvons revenir à lui en lui demandant pardon. Il attend que nous lui disions ce qui va de travers: le copain avec qui je suis fâché, le mensonge à mes parents, le CD emprunté et jamais rendu... La paix reviendra, il nous pardonnera et nous aidera à faire la paix avec les autres.

5) Je t'écoute (le petit doigt) : Le petit doigt, c'est pratique pour se nettoyer l'oreille ! (faire le geste). «Seigneur, je t'ai tout dit : Merci... S'il te plaît... Je ne les oublie pas... Pardon... A présent je t'écoute : «Que dois-je faire avec ma copine qui me tourne le dos... Avec mon frère qui est jaloux... Souffle-moi une bonne idée pour l'anniversaire de maman... »

Si l'enfant sait lire, vous[49] pouvez lui offrir un Nouveau Testament et lui apprendre à écouter le Seigneur au travers de sa Parole. Une fois ces fondements posés, nous pourrons nous lancer dans des enseignements bibliques plus élaborés. Apportons aux enfants la nourriture spirituelle qui leur permettra d'entrer dans l'aventure merveilleuse d'une destinée conduite par Dieu.

---

[49] L'évangéliste

Après avoir gagné des âmes au seigneur, le plus difficile est le maintien de ces âmes. Cela passe par un suivi efficace. Cette tâche revient à tout le monde, mais le pasteur ou le dirigeant de l'église est le plus responsable du suivi.

Nous mettons à leur disposition cette fiche que nous estimons assez complète pour une délivrance du sujet, base d'une vraie vie chrétienne et d'un renouveau. Elle (cette fiche) est applicable même aux anciens chrétiens.

Insister sur le fait qu'ils doivent la remplir avec sincérité et vérité.

FICHE DE SUIVI PERSONNEL

NB : Cette fiche est **strictement confidentielle** entre vous et votre conseiller. Bien vouloir donner des réponses exactes et sincères à ces questions pour rendre votre délivrance efficace, facile et complète.

Nom et prénoms : _____

Profession actuelle : _____

Niveau d'études : _____

Téléphone : _____Quartier : _____Ville : _____

Église actuelle : _____

Religion d'origine : _____

Votre village/lieu de naissance : _____

Situation matrimoniale (célibataire, marié, divorcé, veuf, fiancé) : _____

Avez-vous des enfants ? Le nombre : _____

Religion d'origine de votre père : _____

Religion d'origine de votre mère : _____

Nom de votre tribu : _____Famille : _____

Nom du chef de famille ou successeur : _____

Y a-t-il des significations à ces noms ? _____

Votre nom a-t-il une signification ? Si oui, laquelle ? _____

Venez-vous d'une famille polygamique ? _____

    Si oui, quel rang occupe votre maman ? _____

    Connaissez-vous une histoire liée à votre conception ? _____

Y a-t-il des réunions familiales ? Que fais-t-on comme pratiques, rites ou cérémonial ?_____

Quel rang occupez-vous dans votre famille ?_____

Qu'est-ce qui caractérise le comportement de votre famille/ village ?_____

Énumérez les interdits auxquels vous êtes soumis dans votre tribu ou famille :

Connaissez-vous les raisons des ces interdits ?_____

Avez-vous personnellement visité ou consulté les guérisseurs traditionnels/oracles/marabouts/ ? ____

Pour quelles raisons ?_____

Qu'est-ce que les marabouts ont déclaré ?_____

Vous a-t-on fait des incisions ou un tatouage sur la peau ? _____

Avez-vous donné lors d'un traitement un animal ou de la volaille (chèvre, bœuf, chat, chien, poule ou coq) à un guérisseur ?_____

Qu'en a-t-il fait ?_____

Un grand-père ou une grand-mère de votre village vous a-t-il lavé dans une rivière ou fait subir une cérémonie traditionnelle ou rituelle ?_____

Y a-t-il eu une cérémonie où l'on a fait venir un guérisseur et pourquoi ?_____

Avez-vous été dédié ou consacré à une idole/esprit ?_____

Citez les choses que vous avez données à un guérisseur lors d'une séance (cheveux, ongles, habits/sous-vêtements, ongles, cadenas, chèvres, coqs, moutons, encens, argent, parfums, vins, savons, autres)
_____

Les choses que le guérisseur vous a données à garder (écorces, poudres, os, eau bénite, encens, fétiches, talismans, huiles spéciales, charmes, gris-gris, chaînes, bagues, bouteilles, cordes à porter, parfums, pièces de monnaie, livres à lire, autres)_____

_____

Avez-vous des difficultés financières ?_____

Connaissez-vous des pertes inexpliquées d'argent ?_____

Avez-vous bu le sang d'un homme ou d'une femme et à quelle occasion ?_____

_____

Connaissez-vous les sacrifices humains ou animaux que pratiquaient vos ancêtres/parents et à quelles occasions ?_____

Y a-t-il un lien entre vous et la chefferie ?_____

Certaines choses telles les oignons, les idoles, les chats, les arbres ou fleurs spéciales, les œufs, les munitions, autres, ont-elles été plantées à l'intérieur de votre maison ou autour de votre concession ?

_____

Avez-vous eu des rapports sexuels avec un guérisseur ?_____

Avez-vous fait un pacte ou une alliance avec quelqu'un ou un esprit ?_____

Les termes du pacte : _____

Assistez-vous à des réunions des sociétés sécrètes d'origine locale ou étrangère : foi bahaï, Eckankar, graal, Hare Krishna, christianisme céleste, rose-croix, franc-maçonnerie, messes noires, nouvel age, bouddhisme, science chrétienne, yoga, famla, kong, ngondo, iboga, autres… : _____

_____

Si oui, avez-vous subi un rite d'initiation et lequel ?_____

Avez-vous pratiqué ou consulté la magie noire ou blanche, l'astrologie, la divination, la sorcellerie, les invocations des morts dans les cimetières, le spiritisme, les arts martiaux (judo, kung-fu, nambudo, autres…)_____

Avez-vous donné de la nourriture, des boissons ou des sacrifices aux esprits ?_____

Avez-vous un groupe d'esprits que vous commandez ou qui sont à votre service ?____

Avez-vous rencontré en personne Lucifer, Satan ou des princes démoniaques ?_____

Pouvez-vous vous transformer en n'importe quel animal, reptile, insecte ou oiseau ?_____

Est-ce que vous rêvez ?_____

Vous rappelez-vous de vos rêves ?_____

Rêvez-vous constamment de rivières, de lac, de l'océan ?_____

Rêvez-vous que vous avez de longs cheveux atteignant les hanches, des cheveux en rasta ?____

Voyez-vous des serpents, des bœufs, des chiens, des chats, des hommes masqués, des soldats armés, des fous, des monstres dans les rêves ?_____

Est-ce qu'ils vous attaquent, vous attrapent, vous poursuivent, vous mordent ?____

_____

Que faites-vous pendant de telles attaques : vous vous cachez ? Vous contre-attaquez ? Vous les combattez ? Vous fuyez ? Vous les tuez ?_____

Rêvez-vous d'un autre monde ?_____

Savez-vous des choses avant qu'elles n'arrivent par les rêves ?_____

Vous voyez-vous sortir de votre corps pendant la nuit pour vous rendre ailleurs ?_____

Trouvez-vous le matin au réveil des égratignures ou des marques bizarres sur votre peau ?_____

Vous réveillez-vous vous sentant tabassé et fatigué ?_____

Mangez-vous fréquemment en rêves ? Si oui, quel type de nourriture ?_____

Rêvez-vous de fosses ouvertes, des tombeaux, des cercueils, des cadavres ?_____

Avez-vous planifié le suicide ou essayé de le faire ?_____

Vous perdez-vous ou vous battez-vous dans la jungle ou la forêt dans vos rêves ?_____

Rêvez-vous de votre propre mort ou enterrement ?_____

Voyez-vous ou parlez-vous avec vos amis ou les membres de votre famille décédés en rêves ?_____

Vous retrouvez-vous pris au piège, enfermé, enchaîné, lié, menotté ou mis dans une clôture, une cellule, une prison ?_____

Tombez-vous d'une hauteur élevée, d'une montagne, d'une colline, d'un arbre, ou d'un étage ou dans un trou sans fond ?_____

Rêvez-vous de votre ancienne maison ou école, ancien bureau, votre village ?_____

Vous voyez-vous nu portant des vêtements sales ?_____

Avez-vous des rapports sexuels fréquents dans vos rêves ?_____

Avez-vous contracté un mariage dans vos rêves ?_____

Rêvez-vous que vous êtes enceinte et avez des enfants en rêves ?_____

Dans vos rêves, est-ce que vous vous retrouvez dans un domaine de la sorcellerie en train de planifier du mal contre les gens, leurs affaires ou provoquer des maladies ? Avez-vous donné quelqu'un à tuer ? Avez-vous mangé la viande de quelqu'un qui a été tué ?_____

Volez-vous comme un oiseau en rêves ?_____

Vous voyez-vous dans des grandes réunions ou réceptions ou fêtes où l'on mange, on boit, on palabre ?_____

_____

D'autres rêves bizarres que vous faites : _____

_____

_____

Etes-vous légitimement marié ?_____

Si vous êtes célibataire, vivez-vous avec quelqu'un ?_____

Combien de partenaires sexuels avez-vous eu en tout ?_____

Parmi ces gens, y avait-t-il des personnes mariées ?_____

Avez-vous peur des rapports sexuels ?_____

Avez-vous eu des rapports sexuels avec des prostituées ?_____

Avez-vous eu des rapports sexuels avec des gens de même sexe que vous ?_____

Avez-vous commis un viol ou en avez-vous été victime et quel âge ?_____

Avez-vous eu des rapports sexuels avec un membre de votre famille ?_____

Avez-vous eu des rapports sexuels avec un animal ?_____

Avez-vous des rapports sexuels avec une folle ?_____

Avez-vous eu des rapports sexuels avec des esprits ?_____

Vous arrive-t-il de vous masturber régulièrement ?_____

Avez-vous pratiqué la sodomie ?_____

Avez-vous surpris vos parents entrain d'avoir des rapports sexuels ?_____

Avez-vous commis ou été complice des avortements volontaires ?_____

Pour les femmes, votre cycle menstruel est-il irrégulier ?_____

Souffrez-vous des problèmes gynécologiques (stérilité, fausses couches, kystes, crampes mensuelles, frigidité, pertes blanches abondantes, absence de menstruations, règles douloureuses chroniques…)
_____

Avez-vous souffert des maladies sexuellement transmissibles (syphilis, gonococcie, glamedia, chaude-pisse)
_____

Avez-vous donné vos menstrues/sperme à un homme/femme ?_____

Avez-vous déjà fait le test de dépistage du VIH SIDA ?_____

Si oui, les résultats du test : _____

Quel le tempérament de vos parents ? (colériques, gentils, méchants, sévères)____

_____

_____

Comment sont vos rapports avec vos parents ?_____

Votre père est-il responsable ?_____

Comment votre père traite-t-il votre mère ?_____

Y a-t-il des maladies héréditaires, incurables, opiniâtres, chroniques dans votre famille et lesquelles ?_____

Pensez-vous qu'il y a des malédictions dans votre famille ?_____

Lesquelles ? (maladies chroniques, échecs, tragédies, oppressions démoniaques, grands malheurs, malchance, stérilité, pauvreté, célibat, défaite, folie, morts précoces et bizarres, régression, mariages brisés, chômage, échec financier, blocages, autres…)

_____

Un membre de votre famille a-t-il pratiqué la sorcellerie, la magie, la divination, la voyance ou consulte-t-il des marabouts ?_____

Y a-t-il des totems ou des idoles dans votre famille ?_____

Un membre de votre famille est-il voyant, guérisseur ?_____

Un membre de votre famille a-t-il prononcé des paroles de malédictions à votre endroit ? Précisez

_____

Souffrez-vous des phénomènes suivants (insomnies, agitation, se gratter le corps de façon anormale, bougeotte, écume, chute excessive de cheveux, furoncles, abcès multiples, teigne, transpiration excessive, crises, étouffements, essoufflements, palpitations, règles douloureuses, sensation d'étranges choses qui se baladent dans le corps, convulsions, vertiges, excès de poids, amaigrissement inexplicable, paralysie, surdité , mutisme, fatigues matinales chroniques, autres maladies) ?_____

_____

Avez-vous l'impression d'être indésirable ou non aimé ?_____

Aimez-vous rester seul ?_____

Avez-vous un sentiment de honte ?_____

Etes-vous d'humeur querelleuse ?_____

Parmi les troubles émotifs suivants, lesquels persistent dans votre vie ? (haine, excès de colère, ressentiment, peur, pitié de soi, inquiétude, sentiment d'infériorité ou de supériorité, dépression ou manque du désir de vivre, pensées de suicide, doute, soucis, pensées impures, indécision, confusion, tendance à renvoyer tout le lendemain, confusion, pertes de mémoire inexplicable, frustration, angoisse…)_____

_____

Y a-t-il des personnes à qui tu as de la peine à pardonner ou que tu ne veux pas pardonner et pourquoi ?_____

_____

Avez-vous un penchant prononcé vers l'alcool, le tabac, la drogue (héroïne, cocaïne, marijuana, cannabis), les médicaments, le café, le thé, la nourriture, la nicotine, les bijoux ?_____
_____

Usez-vous de façon incontrôlée de votre langue pour mentir, maudire, insulter, blasphémer, critiquer, se moquer, railler, prononcer des jurons, pousser des cris incontrôlés ?_____

Devez-vous de l'argent à quelqu'un ?_____

Avez-vous certains péchés que vous n'arrivez pas à abandonner ?_____

_____

Si vous mourez aujourd'hui, êtes-vous sûr à 100 % d'aller au paradis ?_____

Pourquoi ?_____

Le sommeil, la fatigue, la lourdeur, l'étouffement, les mauvaises pensées vous gagnent-ils lorsqu'il s'agit de prier, de lire la Bible, d'aller à l'église, quand vous êtes à l'église ?_____

Observez-vous des bruits ou des voix étranges quand vous êtes seul ?_____

Sentez-vous des mauvaises odeurs bizarres que les autres ne sentent pas ?_____

Voyez-vous des choses autour de vous que les autres ne voient pas ?_____

Perdez-vous des objets personnels ou intimes de façon inhabituelle ?_____

Doutez-vous de votre salut ?_____

Lisez-vous la Bible chaque jour ?_____

En dehors de la Bible, quels autres livres aimez-vous lire? (journaux, bandes dessinées, magazines féminins ou sportifs, romans photos, romans X, psaumes spéciaux, livrets de prière, romans d'espionnage, arlequins, romans policiers, livres occultes ou spirituelles, livres de magie, monographies)_____

Avez-vous des difficultés à prier mentalement ?_____

Avez-vous des pensées erronées sur Dieu du genre : Il ne partage pas toujours notre peine, Il est injuste par moment, Il peut faire mal à ceux qui Lui désobéissent, le diable est plus fort que Lui, Il oublie par moment :
_____

Croyez-vous que la Parole de Dieu est vraie à tout moment ?_____

Croyez-vous le Seigneur **Jésus-Christ** peut apporter la solution à vos problèmes ?_____

Etes-vous disposé à vous repentir de tous vos péchés à obéir à Jésus et à la Parole de Dieu inconditionnellement et radicalement ?_____

Etes-vous sûr d'avoir tout dit ?_____

Que voulez-vous exactement qu'Il fasse dans votre vie ?_____

DIAGNOSTIC ET NOTES DES SERVITEURS DE DIEU

Remerciements

- *Je remercie de tout cœur mademoiselle DOUE Maneanyi Adelaïde pour son soutien estimable et tout le respect et l'estime qu'elle a pour moi. Seul Dieu te bénira.*

- *Merci à tous ceux qui font de l'évangélisation leur cheval de bataille. Bon courage à vous et que Dieu vous bénisse.*

- *Merci également à tous les enfants du monde, ce sont eux qui me donne l'envi d'écrire, sachez que vous avez une place importante dans l'évangélisation, mais aussi dans le plan du salut.*

TABLE DES MATIÈRES

Dédicace	Page 2
Introduction	Page 3
Première partie : Comprendre les mots	Page 4
Définition	Page 5
1- Définition usuelle	Page 5
2- Définition biblique	Page 5
Deuxième partie : différentes formes d'évangélisation	Page 7
1- Le but de l'évangélisation	Page 8
2- Les types d'évangélisation	Page 8
3- Le contenu du message d'évangélisation	Page 11
Troisième partie : l'évangéliste	Page 14
1- Comment devient-on évangéliste ?	Page 15
2- Les 20 vertus d'un évangéliste	Page 15
Quatrième partie : L'évangélisation personnelle	Page 17
1- Évangélisation pastorale	Page 18
2- Évangélisation	Page 18
3- Les éléments de la bonne nouvelle	Page 18
4- La proclamation	Page 19
Cinquième partie : le contenu de l'évangélisation personnelle	Page 20
Sixième partie : cas pratique	Page 24
1- Qui doit évangéliser ?	Page 25
2- Nécessité d'une formation théorique	Page 25
3- Les différentes approches	Page 26
4- Les premiers pas e la vie chrétienne	Page 28
Fiche de suivi personnel	Page 32
Remerciements	Page 43

Oui, je veux morebooks!

I want morebooks!

Buy your books fast and straightforward online - at one of the world's fastest growing online book stores! Environmentally sound due to Print-on-Demand technologies.

Buy your books online at
www.get-morebooks.com

Achetez vos livres en ligne, vite et bien, sur l'une des librairies en ligne les plus performantes au monde!
En protégeant nos ressources et notre environnement grâce à l'impression à la demande.

La librairie en ligne pour acheter plus vite
www.morebooks.fr

OmniScriptum Marketing DEU GmbH
Heinrich-Böcking-Str. 6-8
D - 66121 Saarbrücken
Telefax: +49 681 93 81 567-9

info@omniscriptum.com
www.omniscriptum.com

www.ingramcontent.com/pod-product-compliance
Lightning Source LLC
Chambersburg PA
CBHW031244160426
43195CB00009BA/596